海豚愛上熱咖啡

圖文◎恩佐

認識愛情……　　　◎ 黃嘉千 (名主持人)

愛情可以是很快樂的;

愛情可以是很甜蜜的;

愛情可以是很心動的;

愛情可以是很美好的,

甚至,愛情可以是永遠的……

這是人類常用人類的心去看待愛情。

這本書的內容足夠你去對於愛情的重新認識,就像大家對於恩佐的從頭認識一般。

我想起對恩佐的認識是小時候的記憶,不多話、很安靜、很會唸書、很帥,長大之後發現,原來他對情感的部分,他的心思是很有想法及創意,我很開心有一個這樣的好友出書,我很興奮的要推薦這本好書給大家,我想有才華的人是會被看到的,恩佐就是一個這樣的人。

純潔與深情　◎ 彭樹君 (自由時報花編副刊主編)

　　人生裡有許多時候，是超越現實而接近夢境的，例如戀愛的時候，還有，創作的時候。

　　或許也可以這麼說，如果把愛情和創作當成某種化學變化，那麼這兩者的基本方程式應該是滿相近的，都是以想像為開始，以追尋為過程，以自我實現為最終極目標。再換一個更簡單的說法吧，愛情其實就是一種創作，反過來說，創作當然也是一種愛情。而不管是「愛情的創作」或「創作的愛情」，都是以夢為最主要的素材。

　　總之，創作像戀愛一樣，使人生維持了熱情的運轉，並且撫平了現實裡的嶙峋，這其中雖然有痛苦的時候，而且常常有，但因為創作因為愛情，凡間的我們得以偶然瞥見天堂之光。

　　關於愛情與創作、現實與夢境的種種聯想，總是在我閱讀恩佐的作品時，會像孩子吹出來的五彩泡泡，接連不斷地從我的腦海中冒出來。

　　超現實的狂喜。天馬行空的想像。甜美。耽溺。純潔與深情。像山崖下的青蕨一樣敏感的寂寞觸鬚。害羞。隱藏。沉沉的悵惘與淡淡的憂傷。這是恩佐作品的基本情調，也是給讀者們的直接印象。而組合恩佐作品的元素，不也就是組成愛情的元素嗎？

　　每一個創作者，都需要與他的作品談戀愛，如果不是這樣，那麼這份作品一定無法發光。

　　海豚為什麼愛上熱咖啡？殞星為什麼流淚？牆上的名畫為什麼微笑？不要問我，去看恩佐的書，或者，去談一場戀愛吧。

愛情動物園參觀導覽　　◎劉中薇 (作家)

　　歡迎來到愛情動物園，春暖花開的陽光午后，眞高興在這裡與你相遇。

　　本動物園成立於不可考世紀，參觀人次無從計數。

　　本動物園佔地無限寬廣，值得細細探尋，有人一輩子來回數趟，但每一次進入都彷彿是第一次蒞臨，你永遠不會知道，這一次將遇見什麼；也無法預測，什麼時候會忽然走到出口；更無法想像，下一次再來，會是何種風貌。

　　而邊走邊聊的現在，我看見了你的眼裡疑惑，你想著：

　　可愛動物區裡，溫暖的綿羊爲何有著蒼涼的眼眸？
　　無尾熊那麼無望卻又堅定的等待要到何年何月？

　　海洋生態區裡，海馬不再歌唱是爲了誰？
　　屬於汪洋的海豚卻對陸地上的熱咖啡上了癮，這該如何是好？

　　你以爲徒步到了奔放的叢林區，該有天寬地闊的景致，但，雲豹是孤

獨的，金剛是寂寞的，黑猩猩是不被瞭解的……。

你困惑著，為什麼所有的動物都不再歡笑？為什麼你看見的盡是怯懦與壓抑、憂鬱和哀傷？

你不願意承認的心念裡，其實隱隱約約清楚明白，愛情從來就只叫人流淚，只有悲傷才得以在記憶裡霸佔絕然的地位，從此低鳴悲吟永生難忘……。

這裡就是愛情動物園，儘管悲傷但是誠實存在。

最後要提醒的是，請不要隨易餵食動物，這裡的每一種動物，極端脆弱與敏感，很需要細心呵護。

謝謝合作，歡迎你再度光臨。

我說的不只是愛情
還有愛情裡的你(妳)

　　約莫在兩年前的這個時候,我將手上13張現在看起來極不成熟且雜亂沒有主題的作品,寄給了自由時報的花編副刊,幾天之後彭主編打電話給我,她在電話裡頭花了一個多小時,和我討論一種合適於副刊風格的題材,當時我們的共識是屏除關於愛情的議題,然而二個月後我背叛了她,這本書的前身……叫做《DISCOVERY LOVE》的專欄開始刊登。

　　在思考主題的那一段時間,我經常聽著瑟隆尼斯·孟克,一個大鬍子黑人爵士樂手的鋼琴曲,於是我畫的第一張是獅子彈鋼琴,只是我仍然沒有決心將我雜亂的想法,定下一個固定的主題,後來我在紙上隨手寫下了海豚愛上熱咖啡的文字,而這一次卻沒有畫面,過了幾天的某一個下午,我一邊聽著已故搖滾樂手潔妮絲裘普琳的歌聲,突然想畫一個唱歌的故事,當時我覺得若用鳥類就太沒創意了,倒是一匹孤獨的狼可能比較好玩,於是我從第一句傳說中狼的聲音是最美的開始,一邊想一邊寫,不知不覺我再次寫下關於愛情的文字,而且這一次一併完成了畫面。

　　如果說創作是一種自我整理的過程,愛情在自我的抽屜裡,就總會不自覺的扮演著開頭的角色。

　　我喜歡人,尤其喜歡陷在愛情裡的人,我總覺得人大部份的時候是沒有特色的,在重重的包裝下每個人都一樣,我們常常看不到別人真實的心,甚至就連自己的真實也忘記,然而我發現,在愛情裡人就鮮明多了,

面對這件複雜的事，人總顯得可愛的單純，像犀牛、像山羊、像袋鼠、像鯨魚，人總是在愛情裡，才驚訝的看見自己原來的模樣。於是我用動物來扮演陷在愛情裡的人，用動物的特性來訴說我所發現的愛情。

　　我盡可能使這本書的文字有詩的韻味，並且，配合介於現實與幻想間的畫面，愛情應該也是如此吧！

　　我並不是一個喜歡討論愛情的人，因為它有點複雜也沒有邏輯，但是有趣的是，這是我第一本書的主題，在花編副刊從 2001 年 6 月至 2002 年 4 月所集結成的，當然我又重畫並增加了一些東西。

　　我想我的前世一定不是隻海豚，因為我不怎麼喜歡旅行；我想我的今生也一定不會是這本書中的海豚，因為我始終相信，生命中並沒所謂的咖啡杯與大海。

　　愛情的本身，其實就是自由。

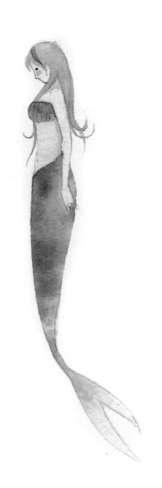

再也沒有人願意默默的唱著情歌
曾經有
只是很久很久以前……

真正的自己

熊其實有點心虛

因為
他不是女孩想像的那樣柔軟溫馴

敏感的鼻子
有力的頸部

強壯的手臂
尖銳的五爪

真正的他
會殘酷的撕裂一條魚

厚實的身軀

用腳掌行走
可挖掘　攀爬

再呼嚕兩口吞到肚子裡去

但是冬天快到了

女孩一定會希望熊陪在身邊
並且抱抱他毛茸茸的身體

該怎麼辦呢

苦惱的熊想了許久

最後
他做了一個決定

他決定真正的自己
要去遙遠的地方冬眠

至於女孩希望的那個他
熊會複製一個新的

然後
再偷偷的塞進去
女孩的棉被裡

溫柔的祕密

靜謐的草原上

獅子正溫柔的彈著鋼琴

曾經

他放蕩不羈

瘋狂的搖滾

披頭散髮嘶吼著

可是此刻卻變了模樣

有人說

他一開口就嚇跑了觀眾

所以決定去改行

然而在獅子的內心裡

萌生的

是一個溫柔的祕密

他演奏的

其實是愛情的序曲......

港口

啤酒般甜美的海水
成群閃耀的魚
為了旅行為了飛翔
那南方的島嶼
候鳥都可以放棄

然而女孩的身影
似乎不曾遠離
候鳥總相信
只要說出了再見
就有了離開的決心

但是他從不曾發現
自己只是一個熱氣球
需要無盡的燃油
而愛情
是唯一的燃油
女孩就是補給的港口

點頭的原因

1.妳不必減肥
　　（因為我自己也胖）

2.妳不必努力優雅
　　（因為我也是沒氣質的大嘴巴）

3.沒有人會欺負妳
　　（因為鱷魚也不敢對我怎樣）

4.我不隨便動氣
　　（因為泡湯　讓我了解心平氣和的道理）

河馬說

被我愛的人是很幸福的喲！

其貌不揚的河馬明瞭

此刻女孩的心

要的不是河馬的堅定

女孩點頭的原因

在於是否發現了

值得去愛的魔力

自己的國王

或許看得太遠
所以裹足不前
長頸鹿已讓無數愛戀
從他腳下溜過

那天
他在懦弱的內心
完成了一場革命
他彎下了腰
唧起身邊差點溜走的幸福

當他再次抬起頭
昂首在雲端
他對女孩說
再沒有困難能讓我害怕
因為終於我發現
我是世界的國王

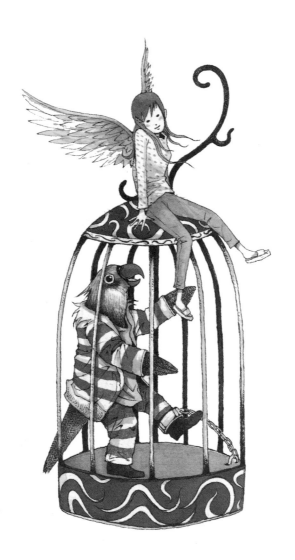

自己的牢籠

鸚鵡放棄了飛翔離開了天空

他要女孩跟著這麼做

來證明自己的執著

然而女孩卻說

愛不等於要放棄所有

鸚鵡嘎嘎的叫著不公平

但是吵雜的聲音

對女孩而言

就永遠只是無理的要求

於是鸚鵡模仿著女孩的言語

模仿女孩腳步的輕盈

以為這樣就不至於輸太多

但是他畢竟是輸了

不管他的靈魂

他的身體

在愛上的那一刻起

就注定要住進一個

自己搭建的牢籠裡

搭訕

昏暗的燈光

模糊了原本華美的衣裳

拉長的咖啡桌

彷彿是女孩內心抗拒的呈現

這陌生的空間

像極了一個陌生的草原

焦慮的獵豹抱怨自己

徒然一雙銳利的眼

才會掉入進退兩難的局面

是巧合　還是緣

獵豹想對女孩說

這偶發的愛意

落在妳的心

也許

只是一杯廉價的咖啡

然而這杯中的滋味

卻足以令我

苦澀嚐遍

矛盾的規範

禁行機車　速限60
違規左轉　越線受罰
在追逐愛情的路上
犀牛看著滿滿的罰單
有一種無力的挫敗感

別人從來不相信
近視的他根本看不清號誌
卻可以老遠的看見火光
就不顧一切橫衝直撞

人們說這是一個矛盾的說法
然而對犀牛而言
世界不也是充滿矛盾嗎
不是都說真愛要義無反顧
卻其實架設著
無數的規範

心鎖

關於記憶

是鴿子永遠無法甩脫的宿命

總以為那些過往的點滴

可以藉著擺動的雙翅

稀釋在無際的天空中

然而過往

就像是上了咒語的鎖鏈

每當黑暗來臨

就將鴿子拉回

記憶的原點裡

於是鴿子的心

將注定無情的綑綁著

無論如何放縱的展翅

也永遠無法

真正的飛出去

愛情的力量

海龜淚流滿面
狼狽的趴在沙灘上
努力的說服著女孩
海裡世界的浪漫與優雅

然而夕陽漸漸昏暗
女孩的腳步
卻依舊停留在沙灘

潮水來了　又退去了
帶著女孩前往海洋的心
已如沙堡般崩塌

愛情的魔力
是這樣微弱而短暫
它終究不能改變什麼
海龜恍然明白
陸地的就是陸地
不是海洋的
終究不屬於海洋

黑與白

黑的會是白的

白的會是黑的嗎

許多錯的在愛情裡對了

那些對的在愛情裡怎麼都錯了

學校教的父母說的

在愛上一個人後都得重新來過

斑馬說黑與白一攪和

我就不再是我

但是那來到自己面前的人

總希望是永遠的停駐

卻發現

當前方的綠燈一亮

所有的人

原來都只是路過

魔法

貓咪可以輕易擄獲女孩的心
卻不曾為了誰改變自己

人們不懂
安全感或者忠貞不背叛
甚至是迷惑人的美麗衣裳
貓咪通通缺乏
然而他卻是愛情國度裡的王

貓咪舐舐手上的魔法棒
心想他們沒有發現嗎
愛情是一種超自然現象
沒來由的愛上
其實和對方的一切無關
你只是不幸的……
中了對方的魔法

一半的愛情

他用大大的雙眼
看透別人的思緒
再用身軀的敏捷
擄獲別人的心

愛情，對於狐狸而言
是一場爾虞我詐
只盈不虧的生意

只是那種不該設防的信任
對於未來的未知與憧憬
或者關於淋漓盡致的傷心
狐狸卻從未體驗

他的聰明掩蓋了他的心
當他拿到別人的那一顆時
得到的
只是一半的愛情

你相信愛情是貓咪在掌管的嗎？
否則
你何曾如此纖細？

愛情的模樣

當世界充滿著巧克力與玫瑰
女孩卻在孤獨的夜裡失眠

天使化成愛的小狗
圍繞在女孩的身邊

小狗招招手
微笑的對女孩說

大的 長毛的 黑白分明的 像甘道夫

小的 短的 短毛的 美的 長腿的 醜的

你有發現嗎？其實愛情就像我，包含著不同模樣的臉

快樂或悲傷只是那愛情
不同模樣的展現

你總是不停的翻轉
也許暫時轉不到
你要的那面

但是你是否發現原來那是最好的禮物

上帝把那顆能感受愛情
愛與需要被愛的心

悄悄的
擺在你的胸口間

相同的愛戀

兔子是女孩懷中愛的棉花球

女孩總愛將他輕輕的抱起

並且為他佈置一個柔軟的潔靜

可是兔子只是一溜煙的逃跑

不讓任何人掌控他的心

上天給兔子的

是一個備極受寵的軀體

於是同樣的

在兔子的內心裡

寵愛的

永遠也只有自己

洞口外的光

愛情對老鼠而言
就像是洞口外的那一片光
每當想起置身在
這美麗蒼茫下的不安全感
他就會告訴自己算了吧
那種起伏　猜疑　害怕
證明洞口外的一切
並不適合他

然而真能永遠抗拒嗎
老鼠總是想起
那些一去不返的同伴
不也像自己此刻一樣
望著洞口外的絢爛
失神的......
說不出一句話

可以愛妳嗎

寒風就快吹過

毛毛蟲蜷窩在樹葉下

已大半個冬季

他默默的咀嚼著

那綠葉裡的苦澀汁液

偶爾

他仰望著天邊粉紅色的花

心裡暗自許下綺麗的願望

今天他終於長出了美麗的翅膀

他用最優美的姿態

來到花的面前

來到女孩身旁

他羞澀的說

因為花蜜的芳香

還有……還有……

春天來了

我……可以愛妳嗎

總有一天

今年的耶誕節
馴鹿拋棄了耶誕老人
獨自去享受
屬於自己的銀色夜晚

可是滿心期待的小孩要怎麼辦
他們一定很失望吧
內疚的馴鹿這樣想著

但是馴鹿又想
小男孩小女孩一定會長大
當他們初遇愛情的那一剎那
應該……
應該就會原諒現在的他

封閉的口袋

口袋是溫暖的包庇

袋鼠總覺得

外面的世界他不放心

所以最好的方式

就是把女孩放在自己的口袋裡

然而在女孩的眼裡

袋鼠的堅強

正洩露著內心的不安

於是女孩對他說

口袋是一種封閉

愛情只是在尋覓

一起冒險世界的伴侶

就因為世界可怕

沒有人會是誰永遠的保護傘

所以就把心放了吧

懂嗎

一起飛翔

就這麼簡單

黑暗中的微光

女孩落入了深深的海洋

眼前盡是無盡的黑暗

燈籠魚從遠方游來

微笑的對女孩說

別怕

妳看還有一顆星星

在我頭頂上發光

燈籠魚決心

只要女孩需要他

他就會陪在身旁

哪怕別人總說

這薄弱的微光

僅適合於黑暗

女孩終究是屬於天上的月亮

愛的終究是那永恆的太陽

關於永遠

在離開綠洲的幾天裡
駱駝不斷的想著一些問題
上一次暢飲了甜美的泉水
不就是再無慾求的滿足嗎
如今怎麼又渴了
那些儲存在內心的滿足感
此刻又消失到哪裡

駱駝不禁想起
那些相信愛情會是永遠的人們
是否正背負著和他一樣的宿命

在他們因為相信而
展開漫長的旅程時
是否終究會發現
真正永遠的並不是愛情
而是在渴望與和追逐的
永無止境的循環裡

狼嗥傳說

傳說中

狼的聲音是最美的

但是

他的桀傲不馴

卻每每傷透女孩的心

直到有一天

狗假扮成了狼

用慷慨的溫柔擄走了女孩

從那一天起

每到了夜晚

狼就會到世界的頂端歌唱

他希望女孩聽見他的懊悔

他希望女孩因此而發現

那是狗的假扮

那不是他

然而日復一日

終於　心碎的哀鳴

取代了完美的演唱

狼獨嚐著

永無止境的孤單

碎裂的水晶球

記得還是小象的時候

他最喜歡和女孩一起捧著水晶球

以為裡頭透露著共同美好的未來

然而曾幾何時

忘了是因為什麼

小象只是不斷的被催促著

要成為一個被認同被尊重

甚至是望而生畏的大象

飄逝的從前

大象揉揉雙眼

女孩只是變得渺小

或者其實遙遠了

大象望著手中

此時輕輕一握就碎裂的水晶球

他知道

那個曾經和女孩共同擁有的

小小的世界

他是再也回不去了

最好的方式

再往前一步
就會墜入萬丈深谷
於是羞怯的山羊
寧願站在遠遠的位置
望著女孩

他內心吶喊著說
這是最好的方式
這是我可以愛妳
又不受傷害
我愛妳的方式

然而距離遙遠
女孩永遠聽不見

孩子的心

他們說

鯨魚龐大的身軀裡

住著的是顆孩子的心

女孩總以為自己的愛

會是溫暖包容的海洋

任憑鯨魚冒險與眷戀

任憑鯨魚歌唱與憂傷

然而

孩子的心就永遠的貪玩

即便鯨魚擁有了女孩浩瀚的愛

卻依舊拒絕不了自己

一再的伸展雙翅

幻想朝著無垠的天空

一躍而去

愛情是華麗的兩翼
可以飛
卻容易碎

永遠的旋律

女孩傾聽著
記憶中的旋律......

她想起了海馬在離去前
對她作的最後一次的演唱

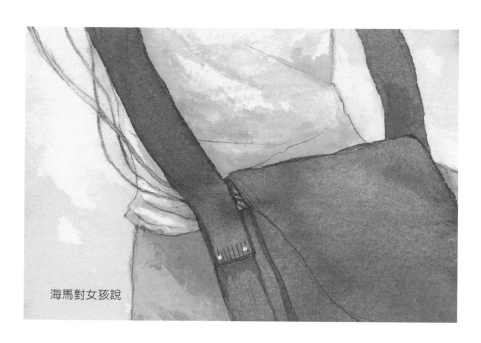

海馬對女孩說

如果偶爾還會想起我
那麼就來聽海吧

如果潮汐不停
那就表示我依然愛妳

然後
海馬將歌聲交給了大海

自己卻化作了一個音符
在深海裡漂流

即便始終開著口
卻再也沒有人

聽見他歌唱

享受

海豹對女孩說

妳微笑時是春暖花開

妳開懷時如同盛夏的午後

妳憂鬱時彷彿是詩意的秋夜

妳生氣時是超級嚴酷的寒冬

海豹說妳不用改變什麼

因為這樣的妳

我非常的享受

迷路的心

女孩的心藏在森林的某個角落

浣熊在森林裡迷路了

就算翻遍了書

查閱了所有的地圖

依舊無法指引他

通往那埋藏寶藏的方向

浣熊思索著回頭

但糟糕的是

他得再找一顆心

因為浣熊的心

在尋寶的途中搞丟了

心裡的冰

每當人們問起北極熊

一個人冷嗎　是否孤寂

他就會笑笑的說

真的不必為我擔心

這世界的冰天雪地

其實就是我冰冷的內心

然後他會點上一根火柴

火光隨即就消失

在冷冽的空氣裡

北極熊說

或許你不相信

那愛情裡的炙熱如火

我是再也無法適應

94

無解的密碼

黑猩猩一直以為自己是聰明的
但今天女孩的每一句話
都像是一段無法解開的密碼
既不像別離
也不是訴說愛情

黑猩猩茫然的聽著
驚覺了自己是傻的

原來他和女孩的心
從來就不在同一個水平
那其中隱藏著一些密碼
他們之間的距離
是一段無法解碼的差距

因為樂觀所以悲劇

綿羊的身上

有著取之不盡用之不竭的溫暖

在酷熱的夏天

沒有人去理會

他汗流浹背的身體

然而寒冬來臨

人們取走他身上的綿絮

他只是默默的蜷伏在冷冽的空氣中

綿羊的天性

有著源源不斷的愛意

以致於所有的人

早已習慣去忽略

他是否有著更為深刻的思緒

然而

這就是一種宿命

在綿羊的血液中

或許有著莫名的樂觀

於是在所有愛情的演出裡

他的角色

永遠沒有聲音

造夢替代品

女孩的夢想

是擁有一顆天上的星

於是她把螢火蟲

抓進自己的手裡

以為曾經編織的綺夢

正要實現

然而女孩手裡的螢火蟲

光芒卻逐漸黯淡

螢火蟲對傷心的女孩說

妳是否曾想過

真正愛的不是我

而是那種浪漫的感覺

妳的手掌間

不願放棄的

不是一隻螢火蟲

而是那個扮演星星的木偶

他說

我的美麗

是因為飛翔在天際

如果妳懂我

就讓我自由

邊緣

我有武士的盔甲
然而我的心柔軟如綿羊
犰狳茫然的眼
有著深沉的憂傷
於是他始終自外於
愛情的圍牆

因為他堅硬的外表
永遠絕緣於激情的擁抱
羞怯的血液裡
綻放不了陽光般的心
人們以唇舌為愛情
他卻無法簡單的解釋自己

犰狳明白愛情的世界裡
已經擠滿了夢幻的類型
矛盾的他於是選擇
以疏離逃避

盲

那年　蝙蝠愛上了太陽
他忘情的注視著那絢爛的光芒
以致於曬傷了雙眼
如今他只在夜裡飛翔

今晚　他在心愛的女孩面前
解釋著自己不是看不見
只是天色太暗
然而這樣的掩飾
蝙蝠何嘗希望

醜陋的他多麼希望
自己不用再說著口是心非的謊
他多麼希望女孩可以用心去感覺
就像此刻他已懂得
用心去感覺世界一樣

勇敢

先人悲壯的情節

仍在金剛的心中盪漾

雖然他知道

大樓剛倒塌

一切都還太敏感

那位前輩真的只是瘋狂嗎

金剛思索著

所有的人　　包括那女孩

是不是都不了解他

他後悔嗎　　他悲傷嗎

又或者

就算在天堂

依舊不曾這麼想

金剛坐在大樓的頂端

他知道等一下

天空又將出現許多的飛彈

但是他只想要默默的

只是想要安靜的

體會一種不曾有過的勇敢

對牛談情

傳說中
一位偉大的音樂家
在完成了動人的歌曲後
就失去了聽力
也失去了愛情

然而多年來
那動人的旋律
依舊迴盪在戀人的心裡

絕望的音樂家在天堂
靜靜的看著戀人們
在他的音樂裡陶醉
在他的音符中想像

於是他對上帝說
來世我要變成一頭牛
再也不想要聽懂
那種屬於愛情的旋律

沒有永遠流行的純棉製品……

除了愛情

蛻變的表情

本來蝌蚪以為
愛情的世界
就是這狹小的水塘

焦躁的他
無論如何用力的掙扎
也別想找到掙脫的方法

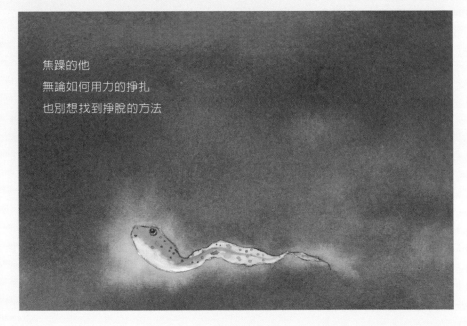

可是突然間
一切都不一樣了

愛情的苦澀
就像是水裡渾濁卻營養的有機殘渣

無怨的接納
在他的體內發生了變化

儲蓄了能量

終於
他躍出了水面

在女孩的面前
蝌蚪已經換了一張臉
他說……

這是我決定好的表情
這是我決定好了
要永遠愛妳的
我蛻變的表情

119

迴旋的瞬間

海豚愛上了熱咖啡……

咖啡與奶精迴旋的瞬間
因為無法抗拒
於是一躍而下
味道是苦的　是酸的
在心裡其實都是甜的
就算溫熱是短暫
就算幸福只有一小杯
海豚終究捨棄了大海

他說
為了愛情
我願意放棄自由

如影隨形

當女孩走進了森林

貓頭鷹就決心要將她留下

於是每到了夜晚

貓頭鷹就會在樹上掛滿星星

並且用他圓圓的臉

假扮月亮

女孩始終以為森林的夜晚

是如此美麗燦爛

她從不曾感到懼怕

卻也從不知道

黑暗中貓頭鷹

其實一直如影隨形的陪她

演員

那是一個歌誦偉大愛情的年代

每個人都沉溺在自己

永垂不朽的劇本裡

九官鳥在這樣的期待下

磨練了最好的演技

只是

在反覆綵排的舞台上

在寫好腳本的愛情下

九官鳥說願意的時候

心中沒有快樂

說離別的時候

也不真的感到悲傷

虔誠的祭品

沒有華麗的外表

沒有炫耀的舞蹈

笑名在外的豬

僅有著一顆虔誠的心

他說

神啊

我的心早已被女孩圈禁

我不貪多

只求惠賜我一點

那女孩剩餘的憐憫

我願意貢獻自己

就算最後

成為了愛情的祭品……

阿們

王袍的背後

王袍般的外衣
吸引了女孩的注意
優越的身軀
踩著優雅的步履

然而
他只是隻大了點的貓
他單純的思緒
永遠無法分辨複雜的愛情

為了什麼而愛我
當女孩表露著愛戀的心
老虎總是這樣的問
除了放棄自己
還有什麼能證明

於是老虎決定用高傲的表情
保護自己
與其無法解開對方的祕密
他寧可選澤
自主性的隱匿

閉上眼的堅定

即便無尾熊面無表情

但內心卻無比堅定

他永遠記得他和女孩的約定

是將樹上的第一顆蘋果一起摘下

於是從女孩離去的那天

無尾熊就開始緊抱大樹

拚命的把樹葉吃光

為的就是不要分散果樹的營養

但是無尾熊卻抱錯了樹

卻又閉上眼不聽勸

於是固執的他

始終不知道尤加利樹上不會有蘋果

也永遠不知道

女孩其實正在另一棵樹下等他

兩端

女孩的眼總是望著遠方
遠方似乎會出現一匹白色的馬
驢子的眼也總是望著遠方
遠方有著他與女孩間美好的夢想

女孩坐在驢子身上
只因遙遠的旅程有人分擔
而驢子認為肩上的承擔
是進入天堂的票卡

於是
他們走往一樣的方向
也一同陷在不自覺的迷惘

然而
不同的是
在女孩的生命中
白色的馬
也許終究又是一頭驢子
而在驢子的內心裡
卻始終相信
自己就是那一匹遠方的馬

永不枯竭的愛情

音樂　電影　路口的小吃店
所有曾經熟悉的聲音與畫面
是食蟻獸的生命中
唯一僅有的一切
他模糊的雙眼
早已經失去了
尋覓愛情的感覺

我問食蟻獸
活在過去的人快樂嗎
食蟻獸反問我
活在當下又快樂嗎

他說
我們努力的追求愛情
可是誰也沒把握
愛情是否瞬間離去
然而所有美好的回憶
卻是我耳邊的魔幻電音
是我心頭取之不盡的螞蟻

食蟻獸說
我眷戀的是過去
因為過去
也永遠忠貞的眷戀我的心

旅程

陸龜很年輕的時候
有一種愛情是這麼說
如果再來過我一定懂得把握

可是愛情的出現
往往就像是一顆落在前方的流星
就算陸龜拚命的追到目的地
也早已燃燒殆盡不再絢麗

於是那種超齡的智慧
永遠做不到的敏捷
是否要用來懊悔

陸龜背著重重的回憶
卻懂得緩慢的行走
他說此刻他相信
總有一種幸福
會在遠處靜靜等我
到時候只要低下頭就可拾獲

那些因為年少而掌握不住的
陸龜說
就當是旅程中
點綴夜空的星火

童話沒有說

再遇見鴨子

是在多年後的一個深秋

鴨子和這城市大多數的人一樣

面無表情的從女孩身旁擦身而過

他並沒有如女孩所期待的

蛻變成一隻美麗的天鵝

女孩想起了鴨子曾說的

那些妳相信的

永遠只在童話裡

童話之所以美麗

是因為真實本來殘酷

望著鴨子落寞的背影

女孩想起那一天

鴨子第一次流淚

也是最後一次對她說

不要離開我

不要在我努力的

想要變成天鵝的時候

脫序旋轉

當了十年的模範勞工
旋轉木馬卻在今天
擅離了職守

計時的鐘聲已響
於是他奮力的掙脫鋼管
伸展隱藏已久的翅膀
不顧一切的飛往天際

明天
他就要失業了
但是他管不得那麼多
因為此時此刻
他只想著
如何可以延續
這短暫美好的幸福

【後記】

以往我總覺得俗氣
但是如今我才發現那是一種發自內心的必須

謝謝
優雅教主彭樹君
美女作家劉中薇
謝謝看著我長大的嘉千妹妹百忙之中的序
再謝謝煮了好幾杯咖啡給我的大田
人特好卻不忘催稿的總編培園還有鳳儀
以及建議我全裸演出以增加曝光率的弘一
謝謝
我最好的爸媽近乎放棄的包容
謝謝
擅長在碎碎唸聲中搞定電腦的
我最帥的摯友鴻漢
謝謝三年不見的慈芬
最後謝謝一直讓我內心柔軟的
一隻叫做YOYO的小白兔

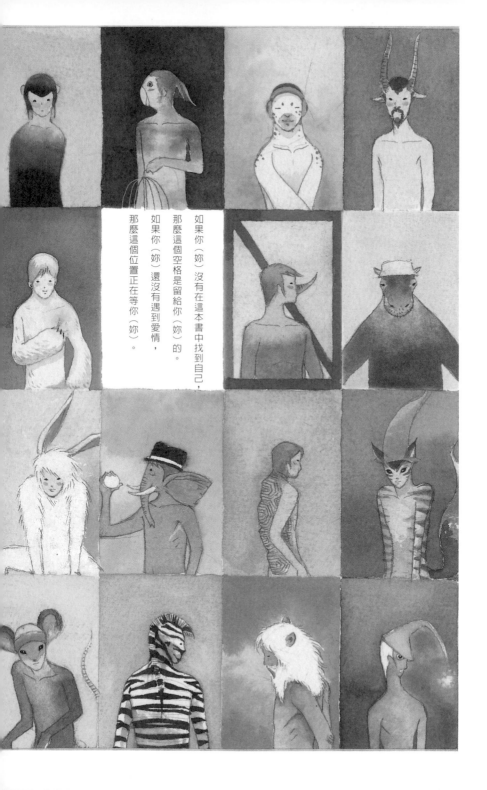

如果你（妳）沒有在這本書中找到自己，
那麼這個空格是留給你（妳）的。
如果你（妳）還沒有遇到愛情，
那麼這個位置正在等你（妳）。

你可沿虛線剪下寫信給最愛的人或者寫信給恩佐

你可沿虛線剪下寫信給最愛的人或者寫信給恩佐

2011年8月
《妖怪模範生》現形……
看完這本書，你一定會問自己：「我也是妖怪嗎？」

> 故事裡的某些情節，我每處理一次就會眼眶濕潤，
> 我一直在想它到底觸動的是我內心所潛藏著的甚麼東西…… ——恩佐

我叫林小美，今年十二歲。
在家裡我是一個懂事聽話的小孩，
在學校我是一個品學兼優的好學生。
大人常說：
如果每個人都能夠像我這樣，
那麼我們一定會有一個美好的社會。
可是總有無數的妖怪，
出現在我們的周遭，
他們打亂社會的秩序，擾亂了所有人的安寧。
還好，妖怪醫療中心出現了，
他們把妖怪一一的帶走。
原本，我以為這個世界可以從此越來越美好。
可是今天早上一覺醒來，
我也變成了妖怪……

國家圖書館出版品預行編目資料

海豚愛上熱咖啡/恩佐圖文—初版—台北市：大田，民92
　　面：　公分—（視覺系009）
ISBN 957-455-411-2（平裝）

544.37　　　　　　　　　　　　　　　92003789

海豚愛上熱咖啡

圖文：恩佐

出版者：大田出版有限公司
台北市106羅斯福路二段95號4樓之3
E-mail:titan3@ms22.hinet.net
網址：http://www.titan3.com.tw
編輯部專線（02）2369-6315 FAX（02）2369-1275
【如果您對本書或本出版公司有任何意見，歡迎來電】
行政院新聞局版台字第397號
法律顧問：甘龍強律師

總編輯：莊培園
主編：蔡鳳儀
行銷企劃：黃冠寧
視覺構成：純美術設計
承製：知己圖書股份有限公司　TEL:(04)2358-1803
初版：2003年（民92年）四月三十日
再版：2011年（民100年）七月二十二日（五刷）
定價：新台幣250元

總經銷：知己圖書股份有限公司
（台北公司）台北市106羅斯福路二段95號4樓之3
TEL(02)2367-2044　2367-2047 FAX（02）2363-5741
郵政劃撥：15060393
（台中公司）台中市407工業路30路1號
TEL(04)2359-5819　FAX（04）2359-5493

國際書碼：ISBN 957-455-411-2　　/　CIP：544.37/92003789
Print in Taiwan

《寂寞長大了》

年輕時的寂寞，是一種想大聲說出來的寂寞。
長大後的寂寞，是希望自己看起來一點也不。
而每個人的寂寞，終究只會漸漸的長大。
轉而和自己的內在對話，而且是大量的大量的……
這是種真正的，寂寞……

《寂寞很簡單》

寂寞的發源是打從我們自己心底的，
愛情也終究是靈魂的一部份，而不是全部。

《幸福練習簿》

我不寂寞，因為你願意聽我說，
不管左邊右邊，不管是遠還是近，
我發現只要心在哪裡，幸福就在哪裡！
請問，你也這樣想嗎？

《最遠的你最近的我》

這樣即興創作愛的詩篇，
這樣驚覺，
愛情其實是，
自己和自己的對話……

《因為心在左邊》

因為人的心在左邊，所以我開始思考關於心和右手的距離，
關於快樂和悲傷的距離，關於童年和長大的距離，
關於這個由右手打造的世界是否和我所存在的世界是一樣的？

《海豚愛上熱咖啡》

每一種動物都扮演了陷在愛情裡的人，
每一次的扮演都因為發現了愛情，
每一回發生愛情都讓人錯綜複雜又單純可愛……

廣　告　回　郵
北區郵政管理局登
記證北台字11049號
免　貼　郵　票

地址：

姓名：

大田出版有限公司　企劃部收

地址：台北市106羅斯福路二段95號4樓之3

電話：（02）23696315-6　　傳真：（02）23691275

E-mail：titan3@ms22.hinet.net

閱讀是享樂的原貌，閱讀是隨時隨地可以展開的精神冒險。

因為你發現了這本書，所以你閱讀了。我們相信你，肯定有許多想法、感受！

你可能是各種年齡、各種職業、各種學校、各種收入的代表，

這些社會身分雖然不重要，但是，我們希望在下一本書中也能找到你。

名字／_____ 性別／□女 □男　　出生／____ 年 ____ 月 ____ 日

教育程度／_____

職業：□ 學生　　　　□ 教師　　　　□ 內勤職員　　□ 家庭主婦
　　　□ SOHO族　　　□ 企業主管　　□ 服務業　　　□ 製造業
　　　□ 醫藥護理　　□ 軍警　　　　□ 資訊業　　　□ 銷售業務
　　　□ 其他 _____

E-mail/ _____　　電話/ _____

聯絡地址：_____

你如何發現這本書的？　　　　　　　　書名：海豚愛上熱咖啡

□書店閒逛時 _____ 書店 □不小心翻到報紙廣告（哪一份報？）_____

□朋友的男朋友（女朋友）灑狗血推薦 □聽到DJ在介紹 _____

□其他各種可能性，是編輯沒想到的 _____

你或許常常愛上新的咖啡廣告、新的偶像明星、新的衣服、新的香水……

但是，你怎麼愛上一本新書的？

□我覺得還滿便宜的啦！ □我被內容感動 □我對本書作者的作品有蒐集癖

□我最喜歡有贈品的書 □老實講「貴出版社」的整體包裝還滿 High 的 □以上皆非

□可能還有其他說法，請告訴我們你的說法

_____

你一定有不同凡響的閱讀嗜好，請告訴我們：

□ 哲學　　　□ 心理學　　□ 宗教　　　□ 自然生態　□ 流行趨勢　□ 醫療保健
□ 財經企管　□ 史地　　　□ 傳記　　　□ 文學　　　□ 散文　　　□ 原住民
□ 小說　　　□ 親子叢書　□ 休閒旅遊□ 其他 _____

一切的對談，都希望能夠彼此了解，否則溝通便無意義。

當然，如果你不把意見寄回來，我們也沒「輒」！

但是，都已經這樣掏心掏肺了，你還在猶豫什麼呢？

請說出對本書的其他意見：

大田出版有限公司編輯部 感謝您！